AF313499

F. CROZET

Histoire du Dauphiné

sous les Dauphins

RÉSUMÉ

Troisième édition augmentée et illustrée.

GRENOBLE

Xavier DREVET, Éditeur

Libraire de l'Académie et de l'Université

14, rue Lafayette, 14

NOUVELLES ET LÉGENDES DAUPHINOISES

par Louise DREVET

Le Petit-Fils de Bayard (3ᵉ édition, illustrée). 3,50
Aventure de Mandrin (4ᵉ édit., avec illustrations) 1 75
Pascal Dupré.—La Malanot.—Le Gant Rose, etc. 4,50
Le Saut du Moine (2ᵉ édition, avec illustrations.. 1,50
La Malanot, légende du Graisivaudan (3ᵉ édit.) 1 50
Le Saule.—L'Incendiaire.— Philis de la Charce. 3,50
Le Secret de la Lhauda .... » »
En Graisivaudan, Jérôme le Têtu (3ᵉ édit.).........2,50
Les Trois Pucelles (2ᵉ édition) 1 50
La Ville Morte des Alpes (2ᵉ édition) 1 50
Dans le Briançonnais, Colombe (nouvelle édition) 2 50
De Briançon à Grenoble en diligence............ 1,50
Le Château Enchanté (2ᵉ édition) ....,...... 1,50
Dauphine Bon-Cœur (Hist. de Vaucanson) (2ᵉ éd.) » »
La Chanteuse de Valence (Une Etoile Filante) 3,50
La Perle du Trièves 3,50
Les Diamants Noirs (nouv. édit. couv. illust.) 3,50
Philis de la Charce et l'Invasion du Dauphiné...... 3,00
La Semaine de Jean Coliquard (in-8ᵉ illust) relié 2,50
Le Violonaire. —La Sandrine, drame dans le
   Vercors.— Les Lavandières du Mont-Aiguille 3,50
Le Prince-Dauphin et la Belle Vienne. — Un
   Geste de Charlemagne. — Le Songe du Prince-
   Evêque de Grenoble (Vieilles légendes) 0,75
Isérette (2ᵉ édit., avec couv. illustré) ....
Bobila, 1814! (avec 9 dessins et couv. illustrée)...... 1 »
Le Dogue de Lesdiguières (avec des. et couv. illust.) 2 »
Anne Quatre Sous (avec dessins et couv. illustré) .. 1,50
Les Bessonnes du Mantier (nouv. édit... id. 3,50
La Guette de St-Maurice de Vienne (avec illust.) 1,50
Promenades en Dauphiné 1,50
Héros sans gloire! (Bobila.—Le Dogue de Les-
   diguières.—Anne Quatre-Sous) (avec illust.) 4,50
La Dernière Dauphine, Béatrix de Hongrie (il). 3,75
La Mateysine.Les Filleules de M. de Mailles (il.) 1,50
Les Légendes de Paladru (avec illustrations)...... » »
Le Porteballe de l'Oisans (2ᵉ édit. illust.). 1,50
Les Funérailles de la Dauphine (avec illust.) .... 1 »
La Maison des Iles du Drac (Le Dauphiné en
   1815-16) 2 vol; nombreuses illust. historiques 6 »
Tu seras Roi! (Le Dauphiné en 1788;Bernadotte) 3,50
La Vallée de Chamonix et le Mont-Blanc........ 2 »
Caut de Grenoble, Mélusine................. 3,50
La Jolie Fille de l'Oisans 3,50

(Majoration provisoire : 100 %).

F. CROZET

Histoire du Dauphiné

sous les Dauphins

RÉSUMÉ

Troisième édition augmentée et illustrée.

GRENOBLE

Xavier DREVET, Editeur

Libraire de l'Académie et de l'Université

14, rue Lafayette, 14

Publication du Journal *Le Dauphiné*

Xavier DREVET, Directeur.

Le Dauphiné sous les Dauphins

Première race des Dauphins

ORSQUE le royaume de Bourgogne fut tombé en la puissance des empereurs par la donation que fit Rodolphe dit le Fainéant à l'empereur Conrad le Salique, la partie de ce royaume qui a formé plus tard la province de Dauphiné se trouva divisée en plusieurs petits États possédés par des seigneurs qui, tout en reconnaissant la suzeraineté de l'empereur, furent bientôt de véritables souverains.

Parmi eux, les prélats occupèrent d'abord le premier rang, et l'on vit les archevêques de Vienne et d'Embrun, les évêques de Grenoble, de Valence, de Die, de Gap et de Saint-Paul-trois-Châteaux, joignant le pouvoir temporel à l'autorité spirituelle, dominer exclusivement dans leurs diocèses ou en partager l'autorité avec les comtes et les autres seigneurs du pays. Ceux-ci étendirent aussi leurs pouvoirs en s'emparant de l'autorité municipale et judiciaire, et l'on vit se former les comtés du Viennois, du Graisivaudan, du Valentinois, du Diois, de l'Embrunais et du Gapençais, les Baronnies de la Tour-du-Pin, de Mévouillon et de Montauban, et les seigneuries de Briançon, du Champsaur, du Pont-en-Royans et de Montélimar.

Les historiens du Dauphiné ne sont pas d'accord sur l'origine et la filiation des Dauphins. Les uns, tels que Chorier, ont cru rehausser la gloire de leur pays en donnant à la première race de ses souverains une antiquité fort contestable. Les autres, tels que le président de Valbonnais, ne procédant qu'avec l'appui de pièces avouées par une saine critique, ont expulsé des annales de la province les cinq premiers princes qui n'y figurent que nominalement, et dont l'existence est tout-à-fait problématique. Nous adoptons ici le système de Valbonnais, remarquable par sa lucidité, et admis par les historiens les plus judicieux.

*Guigues I*ᵉʳ *dit le Vieux.* — Vers l'année 1040, un seigneur de la maison d'Albon, nommé Guy ou Guigues, possédant des terres aux environs de Grenoble, prit le titre de comte de Graisivaudan et fut, d'après les anciens historiens, la tige des princes-dauphins. A cette époque, le Graisivaudan était en proie à une foule de seigneurs qui prêtaient hommage à l'évêque. Le comte de Savoie y possédait aussi plusieurs terres, telles que Domène, Theys, les Adrets et Goncelin, qui relevaient également de l'évêque de Grenoble. Les cartulaires de saint Hugues énoncent que, du temps de l'évêque Isarn, il n'y avait aucun comte dans le diocèse, et que la possession des comtes avait commencé avec Guigues le Vieux. Celui-ci partagea l'autorité avec Humbert son frère, évêque de Grenoble. Puis, après avoir guerroyé longtemps avec le comte de Savoie, il fonda le prieuré de St-Robert, à deux lieues de Grenoble, et, peu de temps après, il céda le comté à son fils Guigues le Gras et se fit moine dans l'abbaye de Cluny où il mourut le 22 avril 1075.

Le palais des comtes de Graisivaudan occupait alors à Grenoble l'emplacement du Palais de Justice (1): leurs armes étaient une croix blanche, et ce ne fut qu'à partir de Guigues IV que ces comtes furent appe-

----

(1) *Histoire de Grenoble*, par J. J. A. Pilot.

lés **Dauphins**, parce que ce prince fut le premier qui plaça un dauphin dans ses armes.

Guigues II dit le Gras. — Guigues le Gras, 2e comte de Graisivaudan, ne survécut que cinq ans à son père. Il mourut vers l'an 1080 et fut enterré dans le prieuré de St-Robert. La vie de ce prince est restée dans la plus complète obscurité. On sait seulement qu'il fit plusieurs fondations pieuses, et qu'il laissa un fils aussi nommé Guigues que les actes désignent toujours comme le comte Guigues, fils de Guigues le Gras. Il fut le 3e comte du nom de Guigues.

Guigues III. — Guigues III eut plusieurs démêlés avec saint Hugues, évêque de Grenoble, dont il était le contemporain, et qui avait été élu en 1080. L'évêque ayant voulu défendre les privilèges temporels de son église et s'opposer à l'accroissement de la puissance du comte, celui-ci prit les armes et parvint à chasser l'évêque de son diocèse. Il fut cité, à ce sujet, devant le tribunal archiépiscopal de Vienne, et il finit par se réconcilier solennellement avec l'évêque en l'an 1116 et par lui céder toutes les églises de son comté, avec les droits et les revenus qui en dépendaient.

Saint Hugues, fils d'Odilon, seigneur de Château-neuf-sur-Isère, était né en 1053. On lit dans l'*Histoire de Grenoble*, par M. Pilot, « qu'il était chanoine de « Valence, lorsque les députés de l'Église de Greno-« ble, en 1080, le demandèrent pour évêque au légat « du pape qui tenait alors un concile à Avignon. Il « mourut le 1er avril 1132 et fut canonisé deux ans « après par le pape Innocent II. Son corps a été « brûlé par les réformés pendant la première guerre « civile, en 1562. »

Ce fut sous l'épiscopat de saint Hugues, en l'an 1084, que saint Bruno fonda le couvent de la Grande-Chartreuse.

Outre la contestation qu'il eut avec le comte Guigues, saint Hugues en eut une autre avec l'archevêque de Vienne touchant le comté de Salmorenc. Il soutenait que Boson, en donnant le prieuré de St-Donat aux évêques de Grenoble, leur avait attribué les églises du comté de Salmorenc qui était très étendu. Cette difficulté, après avoir été débattue dans plusieurs conciles, fut réglée en l'année 1105 par le pape Pascal II, qui partagea le comté de Salmorenc entre les deux parties, et, par cette décision, les terres de Vinay, Tullins, Moirans, Rives, Voiron et plusieurs autres furent réunies au diocèse de Grenoble.

Vers cette époque, l'empereur Henri V, qui soutenait l'antipape Bourdin, fut excommunié dans le 2e concile de Latran, en l'an 1112. Guy, archevêque de Vienne, assista à ce concile et, à son retour, il en convoqua un dans Vienne, comme légat et primat, au mois de septembre de la même année. L'empereur y fut traité comme il l'avait été au concile de Latran. « Ce fut, dit Chorier, l'effet du zèle de Guy, « qui ne resta pas sans récompense : il fut fait cardi- « nal, et les privilèges de son Eglise furent de nou- « veau confirmés. Enfin, il fut lui-même élu pape, « sous le nom de Calixte II. Il confirma par une bulle « les droits de son Eglise et ordonna que l'archevêque « de Vienne fût reconnu comme légat-né dans les sept « provinces de sa primatie. »

Peu de temps après la réconciliation du comte Guigues III avec saint Hugues, le comte prit part, contre le comte de Genève, à la guerre que celui-ci avait déclarée au comte de Savoie, son gendre, et, à la fin de ses jours, il se livra à des œuvres pies, à la persuasion de sa femme Mathilde, que l'on a cru issue du sang royal d'Angleterre.

Guigues IV. — Le comte de Graisivaudan, Guigues III, mourut en 1125, et son fils, Guigues IV, lui succéda. Il prit le nom de *Dauphin*, dans un acte passé entre lui et Hugues II, évêque de Grenoble, en 1140, et dans la plupart des actes où il intervint. Cette dénomination, que Guigues IV porta le premier et dont ses successeurs firent le titre de leur dignité, a été l'objet de nombreuses controverses, et tous les écrivains qui se sont occupés de l'histoire des Dauphins se sont épuisés en conjectures sur l'origine et la valeur étymologique de cette dénomination.

Guigues IV avait épousé Marguerite, fille d'Etienne, comte palatin de Bourgogne, et nièce du pape Calixte II, et sa vie a été écrite par Guillaume, chanoine de l'Eglise de Grenoble, écrivain contemporain.

Il eut des difficultés avec l'archevêque de Vienne, et ayant pris les armes contre lui, il dévasta l'abbaye de St-Barnard qui souter ait les intérêts de l'archevêque, ainsi que la ville de Romans, qui dépendait de la juridiction de l'abbaye. Il encourut à ce sujet l'excommunication du Saint-Siège, mais l'affaire s'arrangea par la médiation d'Amédée, comte de Genève. Le Dauphin promit de ne plus inquiéter les religieux ni les habitants de Romans, et ceux-ci s'engagèrent à garder la neutralité dans les guerres que le Dauphin aurait à soutenir. L'excommunication fut levée, mais Guigues fut soumis à faire un pèlerinage à St-Jacques de Compostelle en Galice.

Guigues dauphin prit ensuite les armes contre le comte de Savoie, à l'occasion des limites des deux Etats. Il remporta d'abord quelques avantages : mais en l'année 1143, ayant assiégé le château de Montmélian, il reçut dans le combat plusieurs blessures dont il mourut à la Buissière.

Il laissa pour lui succéder un fils mineur nommé Guigues, sous la régence de Marguerite de Bourgogne, dont il avait eu aussi trois filles : l'une mariée au comte d'Auvergne, la deuxième à Aymar de Poitiers, comte de Valentinois, et la troisième à Olderic, prince de Piémont.

Guigues V. — Guigues V ayant épousé, en 1155, Béatrix de Montferrat, parente de l'empereur Frédéric, celui-ci accorda au Dauphin la seigneurie de Césane dans le Briançonnais, avec une mine d'argent située à Rame, et le droit de battre monnaie. Il confirma aussi en sa faveur tous les droits que Bertold de Zeringhen, duc de Bourgogne, lui avait cédés sur le comté de Vienne.

A la mort de Rodolphe le Fainéant, dernier roi de Bourgogne, le comté de Vienne avait passé aux comtes de Bourgogne qui descendaient de Gerberge, fille du roi Conrad. Plus tard, l'empereur, voulant détruire la puissance de ces comtes, avait inféodé au duc de Zeringhen toutes les provinces qui avaient formé le royaume de Rodolphe.

GUIGUES Ier, DIT LE VIEUX

GUIGUES II, DIT LE GRAS

GUIGUES III, LE COMTE

GUIGUES IV. — MARGUERITE DE BOURGOGNE

Mais les descendants de Gerberge n'abandonnèrent pas leurs prétentions. Le comte Etienne, l'un d'eux. père de Marguerite qui avait épousé le dauphin Guigues IV, avait cédé, en 1088, à son frère Guy, archevêque de Vienne, tous les droits de régale et de principauté sur cette ville, et cette cession fut la principale source de la puissance temporelle des archevêques de Vienne.

Mais, en l'année 1155, Bertold, duc de Zeringhen, céda à Guigues V tous ses droits sur la ville de Vienne et son territoire, et cette cession fut confirmée par l'empereur. Ce fut depuis cette époque que les comtes de Graisivaudan prirent le titre de Comtes et Dauphins de Viennois, et néanmoins les archevêques de Vienne conservèrent encore longtemps leur puissance.

Quelques années après, l'empereur **Frédéric** confirma Geoffroy, évêque de Grenoble, dans la jouissance des droits de régale sur les bénéfices de son diocèse, c'est-à-dire du revenu de ces bénéfices pendant le temps qu'ils étaient vacants.

Après avoir été en guerre avec le comte de Savoie et avec l'archevêque de Vienne, Guigues V mourut au château de Vizille en l'année 1162, à l'âge de 28 ans, et ne laissa pour lui succéder qu'une fille nommée Béatrix, qui épousa d'abord Guillaume, comte de St-Gilles, surnommé Taillefer, fils de Raymond V, comte de Toulouse. Ce dernier, étant mort vers l'an 1180 sans laisser d'enfant, Béatrix se remaria en 1183 avec Hugues III, duc de Bourgogne, qui obtint par cette alliance la souveraineté du Dauphiné. De ce mariage naquit un fils nommé Guigues-André, qui commença la seconde race des Dauphins.

En l'année 1188, Hugues III partit pour la Terre-Sainte avec le roi de France et celui d'Angleterre, après avoir donné la régence des Etats de son épouse à Eudes, son fils d'un premier lit. Après la prise d'Acre, les deux rois quittèrent l'armée. après en avoir remis le commandement au duc Hugues, qui mourut à Tyr en l'an 1192.

Vers cette époque, Isoard, comte de Die, étant mort à la croisade sans laisser d'enfant mâle, et le comté de Die étant un fief masculin des comtes de Toulouse. Raymond IV, comte de Toulouse et duc de Narbon-

ne, en investit Aymar III, comte de Valentinois, qui
lui en rendit hommage. C'est ainsi que les comtés de
Valentinois et Diois furent réunis.

L'historien Chorier signale plusieurs hommes célè-
bres qui avaient pris naissance en Dauphiné vers la
fin de ce siècle, entre autres Raymond du Puy, fils
d'Allemand du Puy, grand-maître de l'ordre de St-
Jean-de-Jérusalem, qui le premier prescrivit une
règle certaine aux membres de cet ordre, une forme
particulière à leur habit et des fonctions militaires à
leur courage ; Guillaume, chanoine de l'Eglise de
Grenoble, qui a écrit l'histoire de la comtesse Marguerite, épouse du dauphin Guigues IV, et enfin Hugues, fils de Jean, seigneur d'Avalon, qui fut évêque
de Lincoln en Angleterre après avoir été procureur
de la Grande-Chartreuse, et qui fut envoyé en France
par le roi Jean-Sans-Terre en l'année 1199 pour négo-
cier la paix entre les deux Etats.

Deuxième race des Dauphins

Guigues-André. — Guigues-André, fils de la dauphine Béatrix et de Hugues III, duc de Bourgogne,
fut le chef de la seconde race des princes-dauphins.
Comme il n'était âgé que de neuf ans à la mort de
son père, survenue en l'an 1192, il resta sous la
tutelle de sa mère Béatrix jusqu'à la mort de cette
dernière.

En l'an 1202, il épousa Marie de Claustral, petite-
fille de Guillaume IV, comte de Forcalquier, et ac-
quit, par ce mariage, les comtés d'Embrunais et
de Gapençais, qu'il conserva, même après avoir
répudié Marie de Claustral sous prétexte de parenté.
Il épousa en secondes noces Béatrix, fille de Guillaume, comte de Montferrat, dont il eut un fils
appelé Guigues, qui fut marié à Béatrix, fille de
Pierre, comte de Savoie.

Le dauphin Guigues-André, 6ᵉ du nom, eut toujours soin, pendant sa longue administration, d'étendre ses possessions, soit par des alliances avec les bourgeois de Turin, de Pignerol et de Teltona, soit en prenant en fief des terres des archevêques de Lyon et de Vienne.

Ce fut vers ce temps qu'eut lieu la croisade contre les Albigeois, à laquelle le dauphin Guigues-André ne prit aucune part active. Le comte de Valentinois ayant pris parti contre les croisés, Simon de Montfort leur chef vint en personne contre lui et assiégea la tour de Crest : mais il éprouva une forte résistance et, par l'intermédiaire de Eudes, duc de Bourgogne, et des archevêques de Vienne et de Lyon, la paix fut faite dans Romans, et le comte donna en otage à Simon de Montfort quelques-unes de ses places.

En l'année 1210, le dauphin Guigues-André prit la défense de Mainfroy, marquis de Saluces, contre Thomas, comte de Savoie, qui voulait s'emparer de ses Etats. Mainfroy se mit sous la protection du Dauphin, lui rendit hommage, et ce marquisat devint un fief du Dauphiné.

Vers l'an 1220, Guigues-André fit construire à Grenoble l'église de Saint-André; il y transféra un chapitre qu'il avait fondé à Champagnier, et lui donna, en toute juridiction, la paroisse de St-Martin-le-Vinoux.

En 1228, le Dauphin envoya du secours aux habitants de Turin, qui étaient en république, contre Thomas, comte de Savoie, et il fit avec eux une ligue offensive et défensive. Il s'engagea à leur envoyer, deux fois chaque année, mille hommes de pied et cinquante hommes d'armes. Il bâtit sur les frontières la forteresse de Mont-Dauphin.

Guigues-André mourut le 13 mars 1236 à l'âge de 52 ans; il fut enterré dans l'église de St-André qu'il avait fait construire. Il laissa pour lui succéder son fils Guigues VII dit le Jeune.

Guigues VII dit le Jeune. — Le mariage de Guigues VII avec Béatrix de Savoie réunit au Dauphiné la baronnie de Faucigny.

En 1244, ce prince fit un traité avec l'évêque

Pierre, relativement à la juridiction de Grenoble. Par ce traité, le ressort supérieur fut réservé au Dauphin, et les limites du territoire de Grenoble furent fixées. Par une déclaration du mois d'août de la même année, le Dauphin et l'Evêque accordèrent aux habitants de Grenoble des libertés qui consistaient notamment dans la fixation des peines à infliger pour certains délits.

Pendant le règne de Guigues le Jeune, en 1248, le bourg de St-André, près de Chapareillan, sur les frontières de Savoie, et plusieurs villages furent engloutis par un éboulement du Mont Granier. Ce bourg était situé dans l'endroit aujourd'hui connu sous le nom des Abîmes-de-Myans, où l'on construisit une chapelle, qui est devenue depuis un lieu de pèlerinage très fréquenté.

La confirmation féodale de l'Embrunais et du Gapençais que le dauphin Guigues VII reçut de l'empereur Frédéric II, qui, en sa qualité de roi de Bourgogne, prétendait en être le suzerain, le brouilla avec Charles de France, frère du roi saint Louis, qui en revendiquait l'hommage comme comte de Provence et de Forcalquier.

Il eut aussi avec Philippe de Savoie, archevêque de Lyon, au sujet de certains fiefs situés dans son diocèse, des démêlés très vifs qui leur mirent les armes à la main. Ces démêlés se renouvelèrent, quelques années après, avec bien plus d'animosité encore, lorsque Philippe fut devenu comte de Savoie par la mort de son frère.

En l'année 1258, il y eut une sédition contre l'archevêque et le clergé d'Embrun, à la suite de laquelle l'archevêque fut contraint de se retirer à Chorges ; mais le Dauphin vint à son secours et le rétablit sur son siège.

Le dauphin Guigues le Jeune régna trente-trois ans, et mourut en 1270, laissant un fils nommé Jean, âgé seulement de huit ans, et deux filles, Anne et Catherine. Il fut enterré dans l'église des Chartreusines de Prémol.

Jean Ier. — Béatrix de Savoie, veuve du dauphin

Puigues le Jeune, fut chargée de la régence pendant la minorité du dauphin Jean, son fils.

Vers cette époque, des guerres continuelles avaient lieu entre les comtes de Valentinois et les évêques de Valence et de Die. Ces deux évêchés furent unis en l'an 1275 en faveur d'Amédée de Roussillon, qui finit par faire la paix avec le comte, par l'intermédiaire d'un envoyé du roi de France. L'évêque tourna ensuite ses armes contre les habitants de Romans, qui résistaient à son pouvoir en invoquant leurs privilèges ; mais un arbitrage mit fin à ces divisions.

Le dauphin Jean Ier vivait en paix avec ses voisins; mais il ne survécut pas longtemps à son père. Il venait d'épouser Bonne de Savoie. fille du comte Amé V, dit le Grand, et n'avait pas d'enfant, lorsque, emporté par un cheval fougueux, il mourut en 1281 des suites de sa chute.

Avec lui s'éteignit la 2e race des Dauphins, issue des ducs de Bourgogne. Sa sœur Anne resta l'unique héritière de la succession de ses ancêtres. Elle avait été mariée en 1273 avec Humbert, baron de la Tour-du-Pin et de Coligny, qui recueillit, par la mort de Jean Ier, la souveraineté du Dauphiné et devint la tige de la 3e race des Dauphins.

Troisième race des Dauphins.

Humbert Ier. — L'avènement de Humbert de la Tour à la souveraineté du Dauphiné ne se fit pas sans obstacles. Robert II, duc de Bourgogne, se prétendait le plus proche héritier du dauphin Jean, du côté de la ligne masculine, et il soutenait que les femmes étaient exclues de la succession delphinale. Mais les usages du pays étaient contraires à ses prétentions qu'il se disposa à appuyer par les armes. Le comte de Savoie avait pris le parti de Robert ; mais, après quelques hostilités, le roi Philippe le Bel fut choisi pour médiateur, et il fut fait un traité, le 12 janvier 1285, par lequel le duc Robert se désista de ses droits, qui revivraient après l'extinction de la postérité d'Humbert. Ce désistement fut le prix de diverses concessions faites par le Dauphin.

Le comte de Savoie ne déposa pas les armes ; il envoya une armée dans le Viennois, sous les ordres de son frère Thomas, comte de Maurienne. Mais celui-ci ayant été tué dans un combat près de la Côte-St-André, où les Savoyards furent mis en déroute, la paix se fit peu de temps après, par l'entremise de l'archevêque de Vienne.

Le comte Amédée de Savoie reprit les armes en 1291, sous le prétexte que la baronnie de la Tour était un fief de la Savoie. Il s'empara du château de Quincieu et assiégea Belle-Combe que le Dauphin avait fait fortifier. Humbert envoya des troupes dans le Viennois et reprit Quincieu; mais le comte de Savoie se rendit maître de Belle-Combe et s'avança jusqu'à la Terrasse d'où il fut repoussé avec perte. En se retirant, il força le bourg de Barraux qu'il réduisit presque en cendres. Mais le Dauphin le poursuivit et tailla en pièces son arrière-garde. Il y eut ensuite une trève, et des arbitres furent nommés de part et d'autre.

L'année suivante, le dauphin Humbert contracta une alliance offensive et défensive avec Philippe le Bel, et ce prince acheva de régler les difficultés qui existaient entre le Dauphin et le comte de Savoie. Mais la paix ne fut pas de longue durée. De nouveaux différends s'élevèrent en 1301, et le comte de Savoie ayant retenu prisonniers, quelques jours, des envoyés du Dauphin, celui-ci fit passer des secours au comte de Genève qui était en guerre avec le comte de Savoie. Enfin, on finit par traiter de la paix en 1305.

Humbert Ier fut de tous les princes-dauphins celui qui augmenta le plus ses Etats qu'il céda à son fils Jean; puis il se retira dans la chartreuse du Val St-Marie en Royans, où il mourut, le 7 mai 1306. La dauphine Anne était décédée en 1296 dans la chartreuse des Salettes, au bord du Rhône.

Jean II. — Le dauphin Jean II avait été envoyé fort jeune à la Cour de France, et il avait accompagné Philippe le Bel dans son expédition contre les Flamands où il se fit remarquer par son courage et sa bonne mine. En succédant à son père Humbert Ier, il ne fit que continuer son œuvre, s'appliquant sans relâche à l'agrandissement de sa maison, mais toujours par la voie des négociations plutôt que par celle des armes. Sa justice et sa modération lui avaient concilié l'amour de ses peuples et la confiance de tous ses voisins.

En 1309, il y eut une sédition à Grenoble contre l'évêque Guillaume, au sujet des privilèges de la ville. Les mécontents prirent les armes, enfoncèrent les portes de l'évêché et maltraitèrent quelques officiers de l'évêque. Le Dauphin, qui était alors absent, voulut, à son retour, prendre connaissance de cette affaire; il anéantit toutes les poursuites judiciaires que l'évêque avait fait commencer.

Ce fut sous le règne de ce Dauphin, en l'an 1311, que se tint, à Vienne, le 15e concile général, où l'ordre des Templiers fut aboli et où se trouvèrent trois rois : Philippe le Bel, Edouard II, roi d'Angleterre, et Jacques II, roi d'Aragon, les deux patriarches d'Antioche et d'Alexandrie, et trois cents évêques.

De nouvelles contestations s'élevèrent encore entre le dauphin Jean et Amé, comte de Savoie, à l'occasion des limites des deux Etats. Elles furent terminées par une transaction.

Le Dauphin confirma, en 1316, les anciens privilèges de la ville de Grenoble. Il exempta les habitants de diverses impositions, du droit de mainmorte, et réduisit à trois les « cas impériaux » qui étaient au nombre de six. On appelait cas impériaux certaines circonstances où il fallait faire des dons gratuits.

Le dauphin Jean mourut au Pont-de-Sorgues, près d'Avignon, le 4 mars 1318, à l'âge de 38 ans, et fut enterré à Grenoble, dans l'église de St-André. Il avait épousé Béatrix, fille du roi de Hongrie, dont il eut deux fils qui lui succédèrent : l'aîné sous le nom de Guigues VIII, et ensuite Humbert, son second fils, qui fut le dernier Dauphin, **Humbert II.** Il confia la tutelle de son fils aîné à son **frère Henri,** qui fut depuis évêque de Metz.

Guigues VIII. — Lorsque le dauphin Guigues eut atteint sa 18e année, le régent envoya à Paris Albert, seigneur de Sassenage, pour demander au roi la princesse Isabelle qu'il avait promise au dauphin Jean. Le mariage fut célébré à Corbeil au mois de janvier 1323. Cette alliance avait placé le Dauphin parmi les vassaux puissants de la couronne de France.

Guigues VIII n'avait pas hérité des qualités pacifiques de son père ; mais c'est à lui que la maison des Dauphins doit son principal lustre; il fit plusieurs actions d'éclat qui honorent sa mémoire.

Dès que le Dauphin eut en mains les rênes du gouvernement, il prit parti pour le baron de Faucigny et le comte de Genève dont il était parent et allié, contre Edouard, comte de Savoie. Il entra dans le Chablais à la tête de quelques troupes et tailla en pièces l'armée ennemie dans la plaine de Vaulx, près du village de Cassy.

Mais bientôt le comte Edouard, ayant vaincu à son tour le comte de Genève et le baron de Faucigny, pénétra dans le Bugey où il mit tout à feu et à sang. Il s'avança sous les murs du château de Varey, qui dépendait de la baronnie de la Tour. Le Dauphin marcha au secours des assiégés, et, quoique son armée fût inférieure à celle du comte, les Savoyards furent complètement battus. Le comte Edouard ne dut son salut qu'à l'intrépidité de Bocsozel et de Montbel, ce dernier seigneur d'Entremont, qui l'arrachèrent des mains d'Auberjon et de Tournon qui l'avaient déjà désarmé. Les comtes de Tonnerre et d'Auxerre, et le baron de Beaujeu, qui étaient venus au secours du comte de Savoie, furent faits prisonniers. Cette victoire fut suivie d'un traité consenti par le comte Edouard.

Les détails de cette bataille sont rapportés dans *la Chronique de Savoie* par Guillaume Paradin, dont le récit naïf et intéressant est reproduit dans *l'Album du Dauphiné.* 4e vol., p. 104 et 105.

Peu de temps après cette victoire, dont les résultats donnèrent au dauphin Guigues VIII une supériorité incontestable sur son rival, le Dauphin conduisit ses troupes en Flandre, au secours du roi de France, son suzerain. Il commanda à la bataille de Cassel la septième ligne de l'armée, à douze bannières, et prit une part active au gain de la journée. Cette bataille eut lieu le 22 août 1328. Le roi, pour témoigner au Dauphin sa reconnaissance, lui fit don d'un hôtel sis sur la place de Grève à Paris et connu sous le nom de *maison aux piliers*.

Le comte de Savoie étant mort en 1329, son frère Amé lui succéda, et la guerre recommença entre le Dauphiné et la Savoie. Le Voironnais, dont les comtes de Savoie s'étaient emparés en 1107, et qui était revendiqué par les Dauphins comme ayant fait partie de leur domaine, se trouvait plus particulièrement le théâtre de la guerre. Le comte Amé, voulant arrêter les incursions de l'ennemi, fit construire plusieurs places fortes sur ses frontières. Le château de la Perrière, situé sur la paroisse de St-Julien-de-Raz, près de Pommiers, gardait l'étroite vallée de Voreppe à St-Laurent-du-Pont. La garnison de ce château ravageait, dans ses sorties, les terres voisines du Dauphin, qui forma le projet de s'emparer de cette forteresse. Il fit d'abord délivrer des instruments de guerre aux paysans qui avaient à souffrir des sorties de la garnison, et le siège fut mis devant la place.

Il était facile aux assaillants d'approcher des murailles et d'en saper les fondations ; mais la garnison faisait bonne contenance ; la grosse tour du château ainsi que les murailles étaient garnies d'armes offensives et défensives. Le Dauphin, impatient des retards apportés dans l'attaque du château, se rendit à la Perrière accompagné de 1.500 cavaliers. Arrivé au camp, il voulut visiter les fortifications de l'ennemi ; ses capitaines essayèrent vainement de le détourner de cette entreprise, en lui représentant qu'elle offrait trop de périls pour qu'il dût s'y exposer lui-même. « Je suis venu, leur dit-il, pour partager vos dangers, et non pour en être le spectateur ; » et sortant à cheval, accompagné de Hugues Alleman de Valbonnais et d'Aimard de Clermont, il monte par un petit sentier jusque dans les fossés du château. Indifférent aux traits qui pleuvent à ses côtés, il examinait avec détail la défense de la place quand, au moment où il levait le bras pour indiquer une position, il reçut un coup d'arbalète sous l'aisselle gauche et fut percé de part en part. Quoique la blessure fût mortelle, il eut encore la force de retourner jusques au camp.

Les derniers moments du dauphin Guigues furent ceux d'un héros. Sa mort arriva le 25 août 1333 ; elle fut promptement vengée par ses troupes, car, dès le lendemain, s'étant jetées avec fureur contre le château, elles enfoncèrent les murailles, mirent le feu à la principale tour, où s'étaient réfugiés les Savoisiens, et passèrent au fil de l'épée tout ce qui n'avait pas péri dans les flammes.

Le dauphin Guigues n'avait que vingt-quatre ans lorsque la mort le frappa sous les murs de la Perrière. Comme il ne laissait pas d'enfant, son frère Humbert lui succéda. Ce fut le dernier Dauphin, Humbert II, qui plus tard fit cession du Dauphiné au roi de France.

Le Dauphiné sous le dernier Dauphin Humbert II.

Ce Dauphin est représenté, dans l'*Album du Dauphiné*, 4ᵉ vol., p. 106 et suiv., sous des couleurs bien différentes de celles qu'a employées le président de Valbonnais pour faire l'histoire de ce prince.

« A peine Humbert eut-il le pouvoir en main, est-il dit dans l'*Album du Dauphiné*, qu'il se fit remarquer par l'excès de sa vanité, sa fausse grandeur, ses inconséquences et son incapacité administrative. Il rêva la royauté, prit des titres fastueux, s'entoura d'officiers, de chapelains, de gentilshommes et de valets, ne fit que des sottises et se ruina ; après quoi il fit la paix aux conditions les plus dures avec le comte de Savoie, Amé VI, surnommé le comte Verd. »

Le président de Valbonnais, sans chercher à faire systématiquement un grand homme du dauphin Humbert II, ainsi que le prétend l'auteur de l'article inséré dans l'*Album du Dauphiné*, se borne à rapporter avec beaucoup de détails les actes du Dauphin et, en présentant l'analyse sommaire des faits cités par le pré .dent de Valbonnais, dont l'exactitude est établie pour la plupart au moyen des titres tirés de la Chambre des comptes et se trouve d'ailleurs confirmée par l'histoire de Chorier et par d'autres historiens, nous pensons qu'on pourra apprécier la critique sévère contenue dans l'*Album du Dauphiné*.

A l'époque de la mort de son frère Guigues, auquel il était appelé à succéder, le dauphin Humbert était à Naples. Il avait épousé, en 1332, Marie des Baux, de la famille des princes d'Orange, fille de Bertrand des Baux et de Béatrix, sœur de Robert, roi de Naples. Depuis son mariage, Humbert s'était tenus à Naples, qu'il regardait comme le lieu de son établissement.

Marie des Baux accoucha, le 7 septembre 1333, d'un fils qui fut nommé André. Humbert reçut à cette époque la nouvelle de la mort du dauphin Guigues. Aussitôt il fit expédier des lettres en faveur de Béatrix de Viennois, sa mère, pour lui confirmer la régence de ses Etats. Il s'embarqua le 15 octobre, avec Marie des Baux, son fils et tous les gens de sa maison. Il arriva à Marseille le 21 novembre et se hâta de se rendre à Avignon, où il était attendu par Béatrix de Viennois et par une partie de la noblesse de Dauphiné qui avait accompagné cette princesse.

Il entra en Dauphiné le 6 décembre, et se rendit au château de Beauvoir. Ses prem\`   soins furent de confirmer la trève qui avait été ....e avec le comte de Savoie par l'entremise des députés du pape. Puis, par la médiation du comte de Genève, il fit la paix avec le comte de Savoie. Ils eurent une entrevue le 8 mai 1334, à la frontière de leurs Etats, entre Montmélian et Chapareillan, près du pont sur le Glandon, appelé plus tard pont Royal.

En 1334, Humbert II rendit plusieurs ordonnances;

il revint dans ses Etats après une absence de deux mois, et manda à tous les châtelains de ses terres de lui apporter les deniers de la contribution par feu qu'ils devaient avoir exigés, il recommanda en même temps à tous les receveurs de ses droits de rendre exactement leurs comptes devant les maîtres nationaux.

En 1335, il s'éleva entre les maisons des Aynards et des Allemans un différend qui divisa toute la noblesse. Le dauphin Humbert voulut étouffer cette guerre intestine et disposa les parties à nommer des arbitres pour régler leurs différends; mais ce démêlé n'était pas encore terminé en 1340.

Le Dauphin traita ensuite du royaume de Vienne avec l'empereur Louis de Bavière, et l'investiture lui en fut conférée au château de la Balme, le 16 avril 1335, par Louis, comte d'Ottingen, envoyé de l'empereur. Mais le Dauphin ne tira aucun avantage de cette cession, parce que, depuis longtemps, l'empereur n'avait plus que des droits de suzeraineté tout à fait illusoires sur les provinces de l'ancien royaume de Bourgogne.

Au mois d'octobre de la même année 1335, le dauphin Humbert perdit son fils unique, André, qui mourut au château de Beauvoir en Royans, à l'âge de deux ans et quelques jours. Chorier rapporte, d'après une tradition, que Humbert, tenant cet enfant dans ses bras à une fenêtre sur le derrière du palais delphinal à Grenoble, le laissa tomber dans l'Isère. Mais cette tradition est démentie par un acte cité par le président de Valbonnais, qui constate que le jeune André mourut de maladie au château de Beauvoir.

A cette époque, le Dauphin défendit la chasse dans le Graisivaudan, sous peine de dix livres d'amende pour un roturier et de vingt-cinq livres pour un noble.

En 1336, se trouvant à Crémieu, il publia dans le mois de mars deux règlements : l'un pour les officiers de sa maison, l'autre pour la dépense de sa table et de sa garde-robe. On voit dans ces règlements, dont le texte est rapporté par le président de Valbonnais, qu'il y entra dans les moindres détails, et que son attention se porta sur tout ce qui pouvait contribuer à entretenir l'ordre et la règle.

Dans le même temps, le Dauphin se disposait à une expédition militaire pour laquelle il avait mis des troupes sur pied ; son dessein était de les conduire au secours de quelques seigneurs de Franche-Comté, ses alliés, qui étaient en guerre avec Eudes, duc de Bourgogne.

Humbert établit la Dauphine régente de ses Etats. Il se mit en chemin le 15 juillet, et arriva assez tôt pour se trouver en personne au combat qui se donna à Chaussin en Franche-Comté sur la fin d'août. Il ramena bientôt son armée et fut de retour à la maison de la Balme, le 9 septembre.

Il eut ensuite une nouvelle entrevue avec le comte de Savoie dans un lieu appelé la Grange de la Silve, près de Moirans. Ces deux princes achevèrent de régler ce qui restait encore indécis entre eux de leurs différends. Enfin, s'étant réunis une troisième fois à Charantonnay, près de Vienne, en l'année 1337, ils convinrent de se procéder à la délimitation de leurs Etats, voulant s'ôter réciproquement tout prétexte et tout sujet de guerre.

Le Dauphin, ajoute Chorier, voulut aussi chasser de ses Etats jusqu'aux images de la guerre ; il défendit les joûtes et les tournois. Il fit signifier sa défense à Gautier de Briançon, seigneur de Varces, et à Aïnard de la Tour, seigneur de Vinay, qui s'étaient proposés de briser quelques lances l'un contre l'autre.

On trouve, au mois de févr... 1337, une époque remarquable pour l'histoire du Dauphiné, c'est l'institution par le Dauphin du Conseil delphinal établi à St-Marcellin. C'était un conseil souverain chargé de rendre la justice en dernier ressort et avec un pouvoir fort étendu. L'année suivante, il le transféra au château de Beauvoir et, en 1340, il le fixa à Grenoble. Il fut alors composé d'un président, du chancelier du Dauphiné, d'un procureur fiscal et de quatre jurisconsultes. Ce Conseil fut investi du pouvoir de juger en dernier ressort, tant en matière civile qu'en matière criminelle, les appels des justices seigneuriales établies dans toute l'étendue de sa domination delphinale. Le Dauphin élargit encore les attributions de ce Conseil en ordonnant que, dans une séance extraordinaire et hebdomadaire, il s'adjoignit plusieurs autres officiers et les auditeurs des comptes, pour traiter les affaires générales du gouvernement.

Dans un voyage que fit Humbert, au mois de mars, à Avignon, il reconnut tenir du fief de l'Eglise les terres de Rochegude, de Piégon et de Noveysan.

Pendant un séjour qu'il fit au Buis, il réunit à ses Etats, à perpétuité, les baronnies de Mévouillon et toutes leurs dépendances. Elles étaient tombées dans la maison des Dauphins par la donation que Raymond de Mévouillon en avait faite au dauphin Jean.

Le président de Valbonnais rapporte qu'au mois de novembre 1337, le dauphin Humbert ayant en vue de réunir en sa personne tous les droits de la souveraineté dans Vienne, traita avec Guillaume de Vienne, qui tirait son origine de Charles-Constantin, fils de l'empereur Louis l'Aveugle, de tous les droits qu'il avait sur cette ville.

Au commencement de l'année 1338, le Dauphin, se trouvant à Crémieu, révoqua tous les privilèges dont les juifs jouissaient dans ses Etats.

Quelque temps après, le Dauphin fit un voyage à Chabeuil. Il y était attendu par l'évêque de Valence et par le comte de Valentinois, qui l'avaient choisi pour arbitre des différends qu'ils avaient ensemble. Le Dauphin se contenta d'ordonner un sursis jusqu'à la Pentecôte. Il avait en vue de se faire rendre l'hommage qu'il prétendait lui être dû par le comte, qui s'en était toujours défendu ; il avait même formé à ce sujet une instance par-devant Benoît XII ; mais le pape renvoya les parties au Conseil delphinal, comme à la cour principale du seigneur féodal, et, par un jugement rendu par ce tribunal, le comte fut déclaré homme-lige et vassal du Dauphin, à cause de plusieurs terres qu'il tenait de sa mouvance.

Sur la fin de juin 1338, le Dauphin alla à Vienne, dans le dessein de se faire reconnaître seigneur et comte de la ville et d'y affermir son autorité. Après s'être fait prêter serment par les habitants, malgré la résistance de l'archevêque, il se rendit maître de la ville et des châteaux. L'archevêque réclamait la protection du pape, comme chef de l'Eglise et conservateur de ses droits. Le cardinal Gocio fut commis par

GUIGUES V

GUIGUES VI

GUIGUES VII

HUMBERT Ier

le pape pour examiner les raisons de part et d'autre; mais l'affaire ne fut pas sitôt décidée.

En l'année 1339, le dauphin Humbert organisa l'Université de Grenoble, où l'on enseignait depuis longtemps la jurisprudence romaine, et se déclara le protecteur de tous ceux qui voudraient y faire leurs études.

Vers la fin de mars 1339, il reçut un ordre de Philippe de Valois pour le presser de lui amener un secours qu'il lui avait promis l'année précédente. Humbert répondit qu'il était prêt d'obéir aux volontés du roi, et qu'il se mettrait en état de le joindre dans le temps qu'il lui avait marqué.

Quelques jours après, Humbert fit un échange avec Hugues de Genève des terres d'Anthon, de Gordan, de Loyettes et de toutes celles que ce seigneur possédait dans le Viennois et dans la baronnie de la Tour et de Valbonne, pour quelques autres non moins importantes qu'il lui céda dans le Faucigny et dans le Graisivaudan, outre 7.000 florins d'or qu'il lui donna de retour.

L'année suivante, ayant résolu de payer ses dettes, il ordonna que tous ceux qui auraient des droits ou des prétentions contre lui, en fissent la déclaration, et que ces demandes fussent envoyées au Conseil, qui était chargé de procurer le paiement des sommes réclamées.

Voulant donner des marques d'une distinction particulière à Ainard de Clermont, il le combla d'honneurs et de prérogatives qui ont passé à ses descendants.

Le procès du Dauphin contre l'archevêque de Vienne fut terminé par une bulle de Benoît XII, du 20 novembre 1340, par laquelle il annula le traité passé entre le Dauphin et le chapitre, concernant la juridiction de Vienne, la garde de la ville et des châteaux; il rétablit l'archevêque et le chapitre dans les droits qu'ils avaient auparavant, et condamna le Dauphin à tous les dommages que l'archevêque pouvait avoir soufferts dans le pillage de son palais.

En 1341, les habitants de Romans, dont la ville était sous la dépendance de l'archevêque de Vienne, qui en était seigneur en qualité d'abbé de St-Bar-

nard, osèrent enlever les piliers que le Dauphin
avait fait planter sur les confins de son territoire,
ce qui attira sur eux les armes du Dauphin, lequel,
ayant l'intention de les assiéger, fit les préparatifs
nécessaires pour entrer en campagne. Les habitants,
de leur côté, songèrent à fortifier la ville ; mais à
peine Humbert eut-il fait avancer ses troupes, que
la crainte s'empara des esprits. On parla d'accomo-
dement, et il y eut des articles signés à Peyrins, le
25 mai, par lesquels on convint que les habitants
de Romans répareraient les dommages qu'ils avaient
causés sur les terres du Dauphin; qu'ils démoliraient
les fortifications élevées à l'occasion de cette guerre,
et qu'ils rétabliraient les piliers de justice dans les
lieux d'où ils les avaient arrachés.

L'archevêque de Vienne, qui ne voyait qu'avec peine tous ces mouvements dans une ville qui le reconnaissait pour seigneur, avait prononcé, dès le 9 mars,
une sentence d'excommunication contre le Dauphin,
qui en interjeta appel au Saint-Siège. Cet appel fut
le sujet d'un nouveau procès à la Cour d'Avignon.

Le Dauphin, pressé par Benoit XII de lui payer
seize mille florins qu'il devait depuis longtemps à
l'Eglise, se trouvait fort embarrassé pour le satis-
faire. Ses finances étaient épuisées et ses revenus or-
dinaires suffisaient à peine à ses dépenses couran-
tes. Après plusieurs remises, le pape employa les
censures ecclésiastiques et fit savoir au Dauphin que
l'excommunication ne serait point levée qu'il n'eut
payé comptant toutes les sommes qu'il devait à
l'Eglise.

En 1342, le traité de Peyrins, de l'année précédente, avec les habitants de Romans, n'était pas encore exécuté, et le Dauphin fut obligé une seconde
fois de prendre les armes. Dès le mois de février,
il se présenta devant la ville pour en faire le siège.
La ville se trouvant pressée, les habitants demandèrent à capituler ; les portes furent ouvertes au Dauphin, qui y entra avec les principaux seigneurs de
son armée. Le Dauphin usa avec hauteur de sa victoire et fit monter à des sommes excessives le rem-
boursement des frais de guerre et de dédommage-
ment du dégât causé dans ses terres. Mais il reçut

un ajournement pour paraître incessamment devant le pape, et il partit pour se rendre à Avignon. Il n'y fut pas plus tôt arrivé qu'il se mit en devoir de justifier sa conduite auprès du pape, lequel, sans vouloir entrer dans aucun éclaircissement, lui ordonna de rendre la ville de Romans et de la rétablir en l'état où elle était avant qu'il s'en fût rendu maître. C'est ce que Humbert promit d'exécuter par une déclaration du 28 mars. En conséquence, le pape suspendit l'excommunicaion prononcée contre lui par l'archevêque de Vienne.

Sur ces entrefaites, Benoit XII étant venu à mourir cette affaire ne fut pas poursuivie plus avant, et elle ne fut terminée que deux ans après par un traité solennel qui donna au Dauphin la moitié de la souveraineté de Romans et la terre d'Avisan au pape. Cette terre était située sur les confins du Comtat Venaissin et possédée par les Dauphins depuis 1294.

Humbert revint en Dauphiné vers le mois d'octobre, et il y était encore le 23 décembre suivant, jour remarquable par la fondation du célèbre monastère de Montfleury, près Grenoble, qui fut faite par le Dauphin pour la satisfaction de ses fautes. On a toujours apporté un soin extrême dans le choix des sujets dont ce monastère a été rempli, car on y voit les noms des plus considérables familles de la province.

Depuis la mort de son fils unique, le dauphin Humbert était tombé dans une grande mélancolie ; il pensait souvent à quitter le monde et à se retirer dans un cloître. Il résolut d'abord de choisir son successeur, pour le cas où il mourrait sans postérité. Après quelques hésitations entre le pape et le roi de France, il se décida pour ce dernier, et par un premier traité du 22 avril 1343, il céda le Dauphiné et tout ce qu'il possédait en deçà du Rhône, à Philippe, second fils du roi Philippe de Valois ; et si Philippe, son donataire, mourait avant lui, à celui des fils de Jean, duc de Normandie, fils aîné du roi, qui serait désigné par le roi ou son successeur, à condition que celui qui lui succèderait ainsi porterait le titre de Dauphin de Viennois. Il se réserva plusieurs terres pour en disposer en faveur de qui il voudrait, et, outre cette réserve, il lui fut promis 120.000 florins d'or et 10.000 livres de rente.

Ce premier acte donna lieu dans la suite à plusieurs déclarations, et le duc de Normandie, ayant pris soin lui-même de faire accomplir les conditions de ce traité, fut amené à engager le Dauphin à passer avec lui un autre acte, qu'on peut appeler un nouveau transport, qui eut lieu le 30 mars 1349, ainsi qu'il sera expliqué ci-après.

En l'année 1344, le Dauphin établit à Grenoble, près de l'église St-André, un couvent de religieuses de l'ordre de St-François, et, l'année suivante, il le plaça près de la porte Pertuisière, sous le nom de *couvent de Ste-Claire*. Le bâtiment qu'il occupait fut alors destiné à la trésorerie, et a été remplacé par l'Hôtel-de-Ville, construit par les ordres de Lesdiguières.

Le pape ayant fait publier, en l'année 1345, une croisade contre les infidèles, le Dauphin demanda et obtint le commandement en chef de l'armée chrétienne. Il se rendit d'abord à Avignon, où il reçut des mains du pape le bâton de commandant et le grand étendard. Il fit vœu de servir pendant trois ans consécutifs avec cent hommes d'armes à sa solde, et comme il partait pour l'Orient, il voulut donner à son nom une inflexion grecque et ordonna qu'à l'avenir on l'appelât Ymbert. Il partit d'Avignon le 1er août et s'embarqua à Marseille le 3 septembre, avec la dauphine Marie, son épouse, après avoir laissé le gouvernement du Dauphiné à Henri de Villars, archevêque de Lyon.

Pendant l'absence du Dauphin, il y eut des troubles dans le Dauphiné et surtout dans le Graisivaudan. Les seigneurs d'Uriage et de Revel prirent les armes contre les officiers de la judicature de Vizille, et étant entrés dans le bourg, ils y commirent de grands désordres. Ils obtinrent ensuite leur grâce du gouverneur en payant sept cents florins d'or.

Vers le même temps, les Savoyards firent aussi une incursion dans le mandement d'Allevard, à l'occasion d'une contestation relative à la seigneurie d'Arvillard. Mais le gouverneur exigea une prompte réparation et la paix fut rétablie.

Cependant le Dauphin Humbert était arrivé dans l'Archipel, où quatre vaisseaux armés par le pape et deux autres par les chevaliers de Rhodes vinrent le rejoindre. La campagne s'ouvrit, en 1346, par une bataille près de Smyrne, dans laquelle les infidèles furent défaits ; mais son défaut d'expérience ne lui permit pas de tirer avantage de sa victoire. Le pape, qui était d'avis de terminer l'expédition plus tôt qu'on ne l'avait d'abord résolu, rechercha lui-même une trève que le Dauphin ne conclut toutefois qu'après que le pape et les principaux chefs de la ligue l'eurent approuvée.

Le Dauphin avait perdu son épouse, Marie des Baux, qui était morte à Rhodes au mois de mars 1347, et cette perte l'affecta tellement, qu'il résolut de retourner dans ses Etats. Il arriva à Grenoble à la fin de septembre de cette année et, trouvant ses finances entièrement épuisées, il établit un impôt de deux gros sur chaque feu; mais il fut bientôt contraint de l'abolir, à cause de la peste qui ravagea le Dauphiné l'année suivante et qui fit tant de mal, qu'au dire de plusieurs historiens, il ne resta pas en quelques lieux le vingtième des habitants.

La mortalité occasionna la disette, et le blé se vendait à un prix excessif. On accusa les juifs d'être les auteurs de cette mortalité, et presque tous ceux qui se trouvaient à Grenoble furent égorgés. Les assassins ayant été poursuivis, l'émeute n'en devint que plus violente, et ce ne fut qu'à grande peine qu'on parvint à l'apaiser.

L'esprit inquiet du Dauphin était de plus en plus troublé par ces désordres. Il songea d'abord à passer à de secondes noces et régla les conventions de son mariage avec la princesse Blanche, sœur du comte de Savoie; il rompit ensuite les négociations et en commença de nouvelles pour épouser la princesse Jeanne, fille du duc de Bourbon. Mais il paraît que ce mariage fut empêché par le roi de France, qui promit au duc de faire épouser sa fille à celui de ses fils qui serait Dauphin de Viennois.

Alors le dauphin Humbert, vivement sollicité d'embrasser la vie monastique, se décida à ce dernier parti. Pendant l'année 1349, on ménageait avec la

France un traité par lequel le Dauphin cédait ses
Etats à l'héritier présomptif de la couronne. Voulant renoncer au monde, il ne songea plus à conserver la jouissance de ses Etats et son successeur devait dès lors en être mis en possession et y être reconnu pour souverain.

Mais avant de se démettre de ses Etats, il voulut
accorder aux Dauphinois plusieurs priviléges et,
par une déclaration solennelle du 14 mars 1349, il
déchargea tous les habitants du Dauphiné du droit
de main-morte et de toutes les tailles qui ne regardaient pas l'utilité publique des lieux de leur habitation ; il abolit les droits de péage et de gabelle
ou de pontonnage, avec défense d'en établir de nouveaux, et ordonna que ses successeurs, avant d'exiger les serments de fidélité, jureraient entre les
mains de l'évêque de Grenoble d'observer inviolablement toutes les libertés et franchises de la province. Il dispensa ses sujets de l'obéissance envers
ceux qui refuseraient de jurer.

Enfin, par un acte passé à Romans, le 30 mars
1349, le dauphin Humbert fit le transport pur et
simple du Dauphiné et de ses dépendances en faveur
de Charles, fils aîné de Jean, duc de Normandie,
et petit-fils du roi de France Philippe, en se réservant à perpétuité le château de Beauvoir en
Royans pour en disposer comme bon lui semblerait,
et, pendant sa vie, le revenu de plusieurs terres.
Par le même acte, le roi de France promit de conserver aux prélats, nobles et autres sujets du Dauphiné
tous les bons usages, coutumes, libertés et priviléges
que le Dauphin et ses prédécesseurs leur avaient
accordés.

Dans une assemblée solennelle qui eut lieu à
Lyon, le 16 juillet 1349, où étaient le duc de Normandie et plusieurs seigneurs de sa suite, le Dauphin renouvela la cession pure et simple de ses
Etats à Charles, fils aîné du duc, l'en mit en possession par la tradition du sceptre, de l'anneau, de
la bannière et de l'ancienne épée du Dauphiné.
La rente viagère de dix mille livres, constituée par
les conventions de 1343, fut portée à vingt mille
livres. Le Dauphin se départit des terres qu'il s'était

réservées en Dauphiné, et on lui assigna en remplacement huit mille florins d'or pour en disposer à se volonté.

Les comtes, barons et seigneurs qui était présents prêtèrent hommage au nouveau Dauphin et lui firent serment de fidélité.

Le lendemain de la cession définitive du Dauphiné à la France, Humbert prit l'habit de Dominicain dans le couvent de cet ordre, à Lyon, et, la veille de Noël de la même année, il reçut à Avignon, de la main du pape tous les ordres sacrés, en présence du roi de France et des princes du sang. Huit jours après, il fut nommé patriarche d'Alexandrie, et, dans la même année, il fut créé administrateur perpétuel de l'archevêché de Reims, devenu vacant par la mort du titulaire, Hugues d'Arcy.

Il mourut à Clermont en Auvergne, le 22 mai 1355. et fut enterré à Paris dans le couvent des Frères prêcheurs (1) dont il était prieur.

Ce que fut le règne du dernier des Dauphins

par le Dr Ulysse Chevalier.

Malgré une imagination inquiète, apanage ordinaire des personnes fatalement destinées à une mort prématurée, Humbert II fut un prince remarquable pour son temps. Il fut, chose rare, bien servi, aimé et regretté. Il sut dans les affaires montrer de l'adresse, de la patience, de la loyauté et de la résolution. Il réussit dans ses entreprises ; il se rendit maitre des villes de Vienne et de Romans, malgré l'excommunication de l'archevêque et les censures du pape, et conquit le bourg de Miribel malgré le duc de

---

(1) L'emplacement de ce couvent est occupé actuellement par la maison n° 14, de la rue Soufflot près du Panthéon.

1. Le Mont Esson. — 2. La route de Vienne. — 3. La Tour Dauphine. — 4. Prieuré et Église St-Laurent, ... l'évèché. — 5. Route de Savoie. — 6. Porte formant la route de Vienne. — 7. La Tour du Pont. — 8. La Tour de la Trésorerie et la porte de l'Aguiet. — 9. Palais Delphinal. — 10. St-André et ses dépendances. — 11. St-Jean et ses dépendances. — 12. L'Hôpital et l'Aumône de St-Hugues. — 13. Les Cordeliers et l'Île des Moines. — 15. La porte de l'Île projetée. — 15 La Tour de l'Île projetée. — 16. La Ravoire ou l'Île-Verte. — 17. L'Isère. — 18. La Tour de Clérieu. — 18 bis. La Tour de Sassenage. — 19. La porte Viennoise. — 20. Le Cimetière Notre-Dame. — 21. L'Église et le Cloître Notre-Dame. — 22. La place Maucouseil. — 23. La porte Traîne. — 24. Le Breuil et le pont de Pierres Ponibes. — 25. Les Frères Prêcheurs et l'Église des Dominicains. — 26. Les anciennes fortifications romaines ruinées. — 27. Moulin sur le Verderet. — 28. La porte Traîne cloître projetée. — 29. La porte Pertuisière projetée. — 30. Le Drague. — 31. Nouvelles fortifications projetées. — 32. Le chemin de St-Jacques d'Échirolles. — 33. Le chemin de Transcloître. — 34. Le Verderet. — Les traits en travers des rues indiquent l'emplacement des charnes.

Savoie. On s'est moqué de la Croisade dont il fut le chef : c'est cependant la seule expédition de ce genre qui, après des succès honorables pour les armes chrétiennes, se soit terminée sans désastres.

Humbert affranchit ses peuples du servage, de la main morte et des guerres particulières des seigneurs; il prodigua des libertés aux communes et des bienfaits aux établissements charitables. Il créa l'Université de Grenoble et le Conseil delphinal. Il introduisit de sages réformes dans la justice, dans les finances et dans la fabrication des monnaies, et mit un ordre parfait dans l'administration de sa maison. Après avoir refusé le titre de roi, que lui offrait l'empereur d'Allemagne, il céda au puissant roi de France ses Etats qu'il mit ainsi à l'abri d'un morcellement et auxquels il assura plusieurs siècles d'illustration et de prospérité. Mais auparavant, animé du vif désir de conserver et d'accroitre les privilèges et les libertés de ses sujets, il en consacra le souvenir et les droits, comme un dernier témoignage d'affection, dans un acte authentique connu sous le nom de « Statut delphinal ».

Tels sont, en un mot, les titres avec lesquels le Dauphin Humbert II se présente devant la postérité.

Ils nous semblent suffisants pour mériter de la part des Dauphinois un jugement bienveillant et un souvenir d'affection et de reconnaissance.

Administration sous les Dauphins.

Après avoir esquissé rapidement l'histoire du Dauphiné sous les princes-dauphins, il importe de donner quelques notions sur la manière dont cette province était régie, et nous avons puisé quelques documents à cet égard dans l'excellent ouvrage du président de Valbonnais qui, dans le commencement du XVIII° siècle, consacra une grande partie de son temps et de sa fortune à extraire une foule de titres con-

servés dans les archives, et y trouva les éléments
d'un travail supérieur à tout ce qui avait été fait
jusqu'alors.

Nous suivons le président de Valbonnais dans ses
discours sur la justice, la guerre et les finances.

I. SUR LA JUSTICE.

Toute seigneurie ou fief donnait quelque juridiction à celui qui la possédait. Le fief simple n'attri-
buait que le droit de connaitre des différends relatifs
aux fonds qui en relevaient.

La juridiction des seigneurs hauts-justiciers était
beaucoup plus étendue. Ils rendaient la justice en
dernier ressort et sans appel, jusqu'à ce que, par
l'établissement du Conseil delphinal, un nouveau de-
gré de juridiction fût établi.

Quelques seigneurs hauts-justiciers rendaient la
justice en personne, et les dauphins eux-mêmes ont
exercé cette portion du pouvoir; mais la plupart des
seigneurs établissaient des juges pour rendre la
justice en leur nom. Les prélats en avaient sous
le nom de *courriers*, dont les fonctions regardaient
le temporel ; ils avaient d'autres juges nommés *offi-
ciaux*, dont la juridiction s'étendait sur le spiri-
tuel. — Les juges des seigneurs laïcs étaient appelés *vicaires* en quelques endroits, et dans d'autres,
ils étaient désignés sous les noms de *viguiers* ou
vehiers.

Il y avait aussi à Vienne deux *mistraux*, dont l'un
était officier des comtes et l'autre de l'archevêque ;
la fonction de mistral consistait à recevoir les droits
du seigneur, et le mistral avait quelque juridiction.

Dans chaque lieu, les statuts avaient réglé la
qualité des peines qui devaient être imposées pour
la plupart des crimes. Ces statuts étaient autant de
lois particulières que chaque seigneur imposait à
ses habitants, et où l'on reconnaissait encore diverses coutumes des anciens Bourguignons. Les seigneurs donnaient le nom de *franchises* à ces régle-
ments où, sous prétexte de libertés et de privilèges,
ils mettaient leurs sujets à contribution, et leur faisaient acheter chèrement l'impunité de leurs crimes.

Comme les lois municipales avaient réglé la qualité des peines, le procès se trouvait fait sans le ministère du juge, et les officiers du seigneur, surtout à l'égard des moindres crimes, faisaient souvent procéder à l'exécution sans autre formalité.

Les parties se servaient rarement d'un tiers pour soutenir leurs droits. Ces frais de justice étaient fort onéreux, surtout pour ceux qui étaient condamnés. Il leur en coûtait pour les dépens la cinquième partie de tout ce qui était en litige.

On pouvait appeler des sentences de juges seigneuriaux au juge des appellations, établi par les Dauphins. Quant aux seigneurs des terres possédées en franc-alleu, qui se prétendaient indépendants, leurs juges rendaient la justice en dernier ressort. Mais cette indépendance ne se maintint pas contre la puissance des Dauphins, qui finirent par devenir les seigneurs souverains de presque toutes les terres de la province et s'acquirent le droit des secondes appellations.

A l'égard des terres dont les Dauphins étaient les seuls seigneurs, il n'y avait d'autre juge ordinaire que le *châtelain*, dont la fonction principale consistait en la garde du château et à veiller à la conservation des biens du seigneur.

La juridiction des Dauphins était assez limitée dans les terres qu'ils tenaient en partage avec l'évêque. Ils exerçaient conjointement leur juridiction dans les villes épiscopales et dans leur territoire où ils avaient un juge commun. Outre ces juges communs entre les évêques et les Dauphins, chacun d'eux en avait un particulier.

Les Dauphins avaient un juge général appelé *juge mage*, pour exercer leur justice dans un certain territoire. Il tenait sa cour dans le chef-lieu. Il y en avait sept pour tout le Dauphiné. Chacun de ces juges tenait des assises une fois l'année dans tous les lieux de son ressort. Il recevait les plaintes des habitants contre les officiers de la terre. Il examinait les sentences rendues par le châtelain et tout autre juge inférieur. Il condamnait ou renvoyait absous ceux qui étaient détenus pour crimes.

Avant la création du Conseil delphinal, les appels

des baillis et des juges mages étaient portés devant
le juge des appellations de tout le Dauphiné, qui
faisait sa résidence à Grenoble et qui avait sous lui
un procureur fiscal et un greffier.

Mais tous ces établissements n'ont pas été si utiles au public que celui du Conseil delphinal, qui devait juger souverainement et qui fut créé en 1337 pour rendre la justice en dernier ressort et pour recevoir l'appel des sentences des juges inférieurs. Il fut d'abord établi à St-Marcellin et composé de sept officiers. Trois ans après, il fut transféré à Grenoble, où il dut résider à perpétuité. Il a été remplacé plus tard par le Parlement de Dauphiné.

II. SUR LA GUERRE.

Dans les premiers temps, les seigneurs, ainsi que les Dauphins, prétendaient avoir le droit de déclarer la guerre en leur nom et de venger leurs querelles particulières.

Les troupes ou les milices des seigneurs comprenaient deux sortes de personnes : de nobles ou francs et de roturiers. Ces troupes étaient composées des vassaux de leurs terres qui devaient suivre ces seigneurs lorsqu'ils étaient mandés. Ce service était réglé par les reconnaissances qui fixaient le temps même qu'on devait être en campagne, et jusqu'où l'on devait aller. A l'égard des nobles, le Dauphin leur écrivait lui-même et les avertissait en termes honnêtes. A l'égard des simples vassaux ou roturiers, il se contentait de mander au bailli qu'il eût à faire savoir ses intentions aux châtelains pour les publier dans tous les lieux dépendant de leurs châtellenies.

Il y avait encore d'autres distinctions en faveur des nobles, comme d'être défrayés pendant l'expédition. Quant à ceux qui n'étaient pas nobles et qui ne jouissaient d'aucune franchise, ils étaient tenus de se rendre aux ordres du Dauphin pour le suivre à leurs dépens ou à ceux de leurs communautés.

Les seigneurs étaient d'ordinaire à la tête de leurs troupes, et les conduisaient eux-mêmes, soit dans la marche, soit dans l'action.

Quant à la charge de maréchal de Dauphiné, les fonctions de cet officier étaient assez semblables à celles des maréchaux de France. Comme eux, il devait être à la tête des armées et avoir toute la conduite de la guerre. Sous le maréchal de Dauphiné, le bailli commandait les troupes de son bailliage, et il avait sous lui les châtelains qui étaient à la tête de celles de leurs châtellenies; le mistral conduisait aussi celles de sa mistralie, et les troupes marchaient dans cet ordre.

A l'égard de la défense des villes et des châteaux, les vassaux étaient d'ordinaire tenus de les garder pour les seigneurs. Mais il faut distinguer deux sortes de gardes : l'ordinaire et l'extraordinaire. La première est exprimée par le mot *gayta* qu'on trouve presque partout. Il y avait en certains endroits des particuliers qui étaient chargés de cette fonction. La garde extraordinaire est celle à laquelle le vassal était tenu en temps de guerre, lorsqu'il était commandé.

III. SUR LES FINANCES.

Les revenus des Dauphins consistaient en fonds de terre, en droits ou redevances et en impositions sur leurs peuples.

Les mêmes officiers, établis pour la recette de leurs droits, étaient aussi chargés de cultiver les terres et d'en recueillir les fruits. Ces deux fonctions étaient remplies par les châtelains ; la dernière regardait aussi, en quelques endroits, ceux qu'on nommait *mistraux* ou *bailes*.

Les droits que les Dauphins ou les seigneurs levaient dans leurs terres, étaient de plusieurs espèces: il y en avait sur les personnes, sur les fonds et sur les fruits.

Les droits sur les personnes comprenaient l'ancienne taille, qui conservait encore quelque trace de la servitude : ceux qui y étaient sujets étaient appelés *taillables* ou *gens de mainmorte*. Le seigneur pouvait les suivre partout, même hors de sa terre. On trouve des hommes delphinaux qui étaient des vasseaux de cette espèce appartenant au Dauphin dans plusieurs terres de sa province. Cette taille se levait, suivant la volonté et les besoins du seigneur, en gardant toutefois la modération requise, comme portent quelques titres.

Par l'acte des libertés accordées par Humbert II, qui fait partie du Statut delphinal, les main-mortes furent abolies, de même que plusieurs autres impôts qu'on avait établis sous différents noms.

Outre les tailles, il y avait plusieurs autres charges personnelles qui composaient le revenu des Dauphins et des seigneurs; tels ont été les droits de guet et de garde, les droits de vingtain pour la réparation des murailles du château.

Les taxes ou peines pécuniaires pour fautes commises, ne pouvaient manquer d'être d'un grand rapport aux seigneurs.

Les péages faisaient aussi un fonds considérable dans les recettes : les Dauphins en avaient établi plusieurs dans leurs terres ; ils jouissaient de quelques autres, d'après d'anciennes concessions des empereurs. Le mot de *gabelle* se prenait, dans l'usage ordinaire, pour péages ou impôts. Ce n'est que plus tard qu'on a affecté ce terme au droit qui se prend sur le sel.

Il y avait beaucoup d'autres droits, tels que ceux de mesurage, de pulvérage, de fournage. Les Juifs et les Lombards payaient un tribut aux Dauphins, par forme de capitation, pour être tolérés et protégés.

Quant aux redevances sur les fonds, les plus considérables étaient le cens sur les emphytéotes, le plaît à tous les changements de seigneur, les lods en cas de vente et de mutation de propriété.

Les droits des justices et des greffes, et les émoluments du sceau faisaient aussi partie de ces redevances.

Les Dauphins s'attribuaient encore, dans leurs terres, la propriété des mines, et ne permettaient d'y travailler que sous certaines redevances.

Ils retiraient aussi un profit considérable de la monnaie ; il était en leur pouvoir de l'affaiblir ou de la rehausser, selon qu'ils le jugeaient à propos. La faculté de battre monnaie avait été accordée aux Dauphins dès l'an 1155 par la bulle de **Frédéric 1er**, qui fut confirmée en 1245 par Frédéric II, son petit-fils.

La troisième espèce de revenus publics se prenait sur les fruits. On peut mettre dans ce rang le droit de vingtain, ou du vingtième des fruits que le seigneur levait sur les habitants de la terre. C'était d'abord un devoir personnel qui assujetissait le vassal à la réparation des murailles du château, et qui devint ensuite une contribution payable en grains ou en deniers, suivant une certaine quotité. Les tâches dont il est souvent parlé, consistaient en une portion de ces mêmes fruits, réglée par les mêmes reconnaissances. Le droit de quarton se levait d'ordinaire sur le vin ou sur la vendange. Le droit de leyde était dû, non-seulement sur les blés, mais encore sur toutes les autres denrées qui se débitaient au marché.

Le juge, le véhier, le garde-scel ou les greffiers faisaient la recette des émoluments qui provenaient du sceau des justices. Le châtelain, les mistraux, les céleriers, les clavaires ou mandataires étaient aussi chargés du recouvrement de plusieurs autres droits. Mais le châtelain était d'ordinaire supérieur aux autres officiers de la terre et souvent il les nommait lui-même ; ceux-ci lui rendaient leurs comptes, et il en formait un compte général, pour le rendre au prince, qui l'examinait lui-même et le renvoyait aux maîtres rationaux.

On a d'abord appelé indifféremment maîtres rationaux, auditeurs ou gens des comptes, les officiers qui avaient inspection sur les receveurs des deniers du prince, et à qui ils étaient tenus re rendre compte de leur maniement. Les trésoriers étaient aussi des officiers considérables, établis pour la garde des deniers publics et pour en avoir la direction.

JEAN II ET BEATRIX

GUIGUES VIII

HUMBERT II

Ces portraits des Dauphins ont été reproduits d'après les médaillons placés au Palais de Justice et à la Bibliothèque publique de Grenoble.

Faits particuliers
pendant le gouvernement des Dauphins.

I. GRENOBLE.

Sous le dauphin Guigues André, Grenoble fut victime d'un événement désastreux. Au-dessus de Livet dans l'Oisans, à l'endroit où les montagnes de Vaudaine et de l'Infernet resserrent la vallée, un éboulement considérable avait, en 1191, intercepté le cours de la Romanche, et les débris des deux montagnes, roulant dans l'étroit espace qui les sépare, y avaient formé une épaisse et haute chaussée qui, refoulant les eaux jusque par de là le Bourg, convertirent la plaine de l'Oisans en un lac vaste et profond qui subsista pendant près de trente ans.

Mais le 14 septembre 1219, la chaussée, ruinée par les infiltrations, rompit sous le poids des eaux, qui se répandirent avec impétuosité dans la plaine de Grenoble. La ville fut envahie à dix heures du soir ; beaucoup d'habitants périrent, beaucoup d'édifices furent renversés. Deux ponts qui existaient, l'un sur l'Isère, l'autre sur le Drac, furent emportés. Quand les eaux du lac eurent passé, le désastre devint encore plus grand ; l'Isère refoulée, reprit son cours avec une effroyable impétuosité, emportant alors un grand nombre d'édifices et entraînant dans ses ondes une foule de victimes.

Ces détails nous ont été conservés par un mandement de Jean de Sassenage, évêque de Grenoble.

Les archives delphinales avaient péri dans l'inondation, et en l'absence des titres, les officiers du Dauphin firent passer par les communautés de nouvelles reconnaissance de ses droits et des redevances qui lui étaient dues. Les habitants de la Mure et de la Matésine profitèrent de la circonstance pour s'affranchir d'une partie des charges qui les grevaient. Ceux de l'Oisans montrèrent plus de loyauté ; ils reconnurent tous les droits delphinaux, et de là est venu le dicton populaire : *Les matois de la Mure et les preux de l'Oisans.*

Dès le XII° siècle, Grenoble avait déjà ses libertés, ses us et coutumes, ainsi que le prouve une charte du 5 septembre 1116, qui est un accord fait entre l'évêque saint Hugues et le comte Guigues III. Les successeurs des comtes, ainsi que les évêques, confirmèrent ces privilèges. En 1244, le dauphin Guigues VII et l'évêque Pierre réunirent ces libertés en une charte connue sous le nom de *Libertés et franchises de Grenoble.* On lit dans cette charte, entre autres :
« Que tous les hommes qui habitent maintenant et
« qui habiteront à l'avenir dans la ville de Grenoble,
« jouissent d'une pleine liberté quant aux tailles,
« aux exactions et à la complainte, nous retenant
« et nous réservant les bans, nos justices et les cens. »

De nouveaux privilèges furent concédés aux habitants de Grenoble, en 1294, par l'évêque Guillaume, le dauphin Humbert 1er et la dauphine Anne. Ces nouveaux privilèges coûtèrent aux habitants 600 livres viennoises payées, moitié au Dauphin et moitié à l'évêque.

Une nouvelle charte, datée du prieuré de St Laurent de Grenoble, du 11 avril 1310, émanée de Jean, dauphin et de l'évêque Guillaume IV, confirma les mêmes libertés et franchises et en ajouta de nouvelles.

Après la mort du dauphin Jean II, les habitants recoururent à Henri dauphin, oncle et tuteur du jeune dauphin Guigues VIII, pour avoir de lui la confirmation des privilèges municipaux et la concession de nouvelles immunités. Une somme de 250 livres fut payée, moitié au dauphin et moitié à l'évêque. D'après cette concession, datée du 10 mai 1321, il fut permis aux habitants de se réunir, pour les affaires de la commune, partout où ils le voudraient et quand ils le voudraient, pour l'avantage et l'utilité de la ville, des citoyens et des personnes, sans qu'il fut besoin d'obtenir aucune permission. La liberté du commerce fut également garantie aux habitants.

Le dernier dauphin, Humbert II, confirma les privilèges et franchises des habitants, et y ajouta, par une charte du 3 aout 1336, le droit de forcer les personnes étrangères à la ville qui y vendaient du vin, de payer le double du droit qu'acquittaient eux-mêmes les habitants. Ce droit était perçu au profit de la ville.

Enfin, sous le même prince, par la publication du *Statut delphinal*, que l'on peut appeler *l'ancienne constitution du pays*, et qui fut accordé lorsque Humbert, songeant à aliéner ses Etats au profit de la France, voulut assurer à ses sujets la garantie de leurs droits, eut lieu la révision des lois criminelles des habitants de Grenoble, et les compositions pécuniaires contenues dans la charte de 1244 furent supprimées et remplacées par des peines égales pour tous (1).

II. VIENNE.

Plusieurs concessions faites par les empereurs aux archevêques et à l'église de Vienne pendant les XIIe et XIIIe siècles, ont donné lieu à des difficultés entre les archevêques et les dauphins.

Pendant les XIIIe et XIVe siècles, Vienne fut l'objet de l'ambition de plusieurs souverains, et cela troubla souvent sa tranquillité. En 1283 et en 1302, il intervint entre le Dauphin et l'archevêque de Vienne, deux actes de ligue offensive et défensive.

Au mois d'avril 1335, le comte d'Ottingen, au nom de l'empereur, céda et transporta en fief perpétuel à Humbert dauphin, le royaume de Vienne, et cette concession donna lieu à de nouvelles difficultés entre le Dauphin et l'archevêque de Vienne.

Celui-ci se plaignit de ce que le dauphin Humbert s'était fait prêter serment par les habitants de Vienne, et s'était rendu maître des clefs de la ville, et qu'il avait usurpé la juridiction de l'archevêque. Il est fait mention aux archives d'un acte du 20 mai 1342, qui constate que le dauphin Humbert et l'ar-

---

(1) J. J. A. Pilot, *Histoire municipale de Grenoble*, 2 vol. (Bibliothèque Historique du Dauphiné).

chevêque de Vienne ayant été en guerre, et l'archevêché ayant été brûlé, le Dauphin se chargea de payer
80 louis d'or pour le réparer, et à cet effet, donna cau-
tion et même hypothèque sur tous ses revenus de
Dauphiné (1).

III. LA TOUR-DU-PIN.

La terre de la Tour-du-Pin formait autrefois une
grande seigneurie qui portait le titre de *baronnie*, et
qui, outre les communes comprises dans le canton,
comprenait les cantons de Crémieu, de Bourgoin et
leurs dépendances. Une étendue de territoire aussi
considérable, des traités et des alliances que firent
les barons de la Tour avec ceux de leurs voisins les
plus puissants, les placèrent de bonne heure à côté
des Dauphins, jusqu'à ce qu'enfin l'un d'eux ayant
obtenu la main de l'héritière de leurs Etats, ils leur
succedèrent dans leur puissance et dans leur principauté. Cependant, le nom de ceux qui, les premiers,
possédèrent la baronnie de la Tour, n'est pas connu,
jusqu'à un Berlion ou Berillon, mentionné dans un
acte de 1107.

Giraud, son fils, seigneur de la Tour, vivait en
1122, et il eut pour successeurs quatre descendants du
nom d'Albert. Le dernier, Albert IV, ne survécut à
son père que cinq ans. Humbert, son frère, lui succéda. Il épousa en 1273 la princesse Anne, fille du dauphin Guigues et sœur du dauphin Jean Ier; et, à la
mort de ce jeune prince, arrivée en 1282, il hérita de
ses Etats au nom de la nouvelle dauphine, et fut le
chef de la 3e race des Dauphins.

Le dauphin Jean II, fils d'Humbert, accorda des
privilèges particuliers aux habitants de la Tour-du-
Pin, en 1315. Les lettres patentes datées du château
de la Balme, du 12 février de cette année, contien-
nent que les habitants de cette ville et de son territoire sont et seront tous affranchis, libres et exempts de

____

(1) Chorier, *Histoire du Dauphiné*, t. II.

toutes tailles, toltes, complaintes et exactions, et qu'ils sont et seront tous bourgeois.

Humbert II établit à la Tour-du-Pin, en 1336, un juge mage ou bailli dont le siège fut depuis transféré à Bourgoin et plus tard à Vienne.

On travailla à fortifier la Tour-du-Pin en suite d'une ordonnance de 1347, et ces travaux servirent bientôt, lorsqu'Amédée VI, comte de Savoie, qui était en guerre avec le dauphin Charles, successeur d'Humbert II, ayant fait irruption dans la baronnie de la Tour, mit le siège devant cette ville dans le mois de décembre 1352.

IV. SAINT-MARCELLIN.

Saint-Marcellin, comme la plupart des petites villes du Dauphiné, s'est formée dans le XIe siècle, pendant les convulsions de l'anarchie féodale. Ce n'était d'abord qu'un lieu de plaisance où nos premiers Dauphins venaient se délasser des plaisirs de la chasse auxquels ils se livraient dans les immenses forêts des environs. Mais quand l'anarchie féodale vin ensanglanter le pays, les Dauphins s'empressèrent de fortifier St-Marcellin ; une population nombreuse accourut se ranger sous leur protection, et la nouvelle ville fut ceinte de murailles.

Tous les Dauphins se montrèrent favorables à la nouvelle cité, dont la position se liait avantageusement à celle de Beauvoir ; mais le prince dont cette ville doit conserver le plus doux souvenir est sans contredit Humbert II, dernier Dauphin.

Ce prince y établit, le 22 février 1337, le tribunal souverain appelé le *Conseil delphinal*. Mais ce tribunal ne resta pas longtemps à St-Marcellin. Transféré d'abord à Beauvoir, il fut définitivement fixé à Grenoble, et un siècle plus tard, il fut érigé en Parlement.

Avant de réunir définitivement ses Etats à la France, Humbert II voulut donner aux habitants de St-Marcellin une garantie de leurs droits ; il consigna dans une charte la reconnaissance de leurs libertés et franchises, et y ajouta plusieurs concessions importantes. D'après ce statut, sous la date du 4 juillet

1343, suivi d'un acte additionnel du 14 du même mois, St-Marcellin, déclaré inaliénable et inséparable du Dauphiné, devait conserver le gouvernement politique dont il jouissait alors. Tous les habitants sont reconnus bourgeois de la ville de St-Marcellin ; ils doivent choisir, en présence du châtelain, quatre consuls pour administrer la cité, et ils sont affranchis d'une foule de droits féodaux, tels que ceux de péage, de banalité, de four, de gabelle, de taille et de corvées. Des peines sont prononcées contre les blasphèmes, les attentats aux mœurs, les vols et les violences. Le Dauphin renonce aux successions *ab intestat* et se charge de défendre la ville contre toute agression (1).

---

(1) *Album du Dauphiné*, t. III, p. 120 et suiv.

TABLE DES MATIÈRES